W9-COU-117

Presentado a

_____

Con amor de

_____

Fecha

_____

La esencia de

LOS *Cinco*
LENGUAJES
DEL AMOR

GARY CHAPMAN

Publicado por
Editorial Unilit
Miami, FL. 33172
Derechos reservados

© 2010 Editorial Unilit (Spanish translation)
Primera edición 2010

Originalmente publicado en inglés por Northfield Publishers con el título:
The Heart of the Five Love Languages por Gary Chapman.
© 2007 por Gary Chapman.
Traducido con permiso.
Todos los derechos reservados.
*(This book was first published in the United States by Northfield Publishers, 820 N.
LaSalle Blvd., Chicago, Illinois, 60610 with the title **The Heart of the Five Love
Languages**, copyright © 2007 by Gary Chapman. Translated by permission.)*

Traducción: Christian Editing
Diseño de la portada e interior: Smartt Guys design
Fotografía de la portada: Michael Powers, Index Stock

Las citas bíblicas han sido tomadas de la Santa Biblia, *Nueva Versión Internacional*.
© 1999 por la Sociedad Bíblica Internacional.
Usadas con permiso.

Producto 495643
ISBN 0-7899-1731-9
ISBN 978-0-7899-1731-7

Impreso en Colombia
Printed in Colombia

Categoría: Vida cristiana / Relaciones / Amor y matrimonio
Category: Christian Living / Relationships / Love & Marriage

CONTENIDO

CAPÍTULO UNO

SIGAN
Enamorados
DESPUÉS
de la
BODA

¿Por qué será que tan pocas parejas parecen haber encontrado el secreto de mantener vivo el amor después de la boda? ¿Por qué será que una pareja puede asistir a un taller sobre comunicación, escuchar ideas maravillosas acerca de cómo mejorar la comunicación, regresar a casa y ver que son incapaces por completo de implementar los modelos de comunicación que les mostraron?

El objetivo de este libro es encontrar la respuesta a esas preguntas. No se trata de que los libros y artículos ya publicados no sean útiles. El problema es que hemos pasado por alto una verdad fundamental: Las personas hablan lenguajes de amor diferentes.

La mayoría de nosotros crece aprendiendo el idioma de nuestros padres y hermanos, el cual se convierte en nuestra lengua principal o materna. Más tarde, podemos aprender otros idiomas, pero casi siempre con un gran esfuerzo. Las diferencias del lenguaje forman parte integral de la cultura humana.

En el terreno del amor es similar. Tu lenguaje emocional de amor y el de tu cónyuge quizá sean tan diferentes como el chino del español. No importa cuánto te esfuerces para expresar amor en español, si tu cónyuge solo entiende chino, nunca comprenderán cómo mostrarse amor el uno al otro. La sinceridad mutua no es suficiente. Debemos estar dispuestos a aprender el principal lenguaje de amor de nuestro cónyuge si queremos ser eficientes al comunicar nuestro amor.

Mi conclusión, después de treinta años como consejero matrimonial, es que existen básicamente cinco lenguajes emocionales de amor: cinco maneras en que las personas hablan y comprenden el amor emocional. Sin embargo, es posible que existan numerosos dialectos. La cantidad de formas de expresar el amor solo está limitada por nuestra imaginación. Lo que importa es hablar el lenguaje de amor que habla tu cónyuge.

Creo que una vez que identifiques y aprendas a hablar el lenguaje de amor principal de tu cónyuge, habrás descubierto la clave para un matrimonio duradero y afectuoso. El amor no tiene por qué esfumarse después de la boda, pero para mantenerlo vivo la mayoría de nosotros tendrá que hacer el esfuerzo por aprender un segundo lenguaje de amor.

En el centro de la existencia humana está el deseo de tener intimidad y de que otra persona nos ame. El matrimonio está diseñado para satisfacer esa necesidad de intimidad y amor. Por eso los antiguos escritos bíblicos hablaban de que el esposo y la esposa se convertían en «una sola carne». Eso no quería decir que las personas perderían su identidad; significaba que entraría uno en la vida del otro de una manera profunda e íntima.

Una y otra vez he escuchado las palabras: «Nuestro amor se acabó, nuestra relación está muerta. Antes nos sentíamos muy cerca el uno del otro, pero ahora no. Ya no disfrutamos estar juntos. No satisfacemos las necesidades del otro». Sus historias son un testimonio de que los adultos, al igual que los niños, tenemos «tanques de amor».

Estoy convencido de que mantener lleno el tanque emocional del amor es tan importante como mantener el nivel adecuado de aceite en un automóvil. La conducción de tu matrimonio con un «tanque de amor» vacío quizá te cueste más que manejar tu auto sin aceite. Cualquiera que sea la calidad de tu matrimonio en este momento, siempre puede ser mejor.

ADVERTENCIA: La comprensión de los cinco lenguajes del amor y el aprendizaje del lenguaje de amor principal de tu cónyuge pudiera influir en su conducta de manera radical. Las personas se comportan de modo diferente cuando sus tanques emocionales están llenos.

Antes de que examinemos los cinco lenguajes del amor, sin embargo, debemos considerar otro fenómeno importante, pero confuso: la emocionante experiencia de «enamorarse».

En su mejor momento, la experiencia de «enamorarse» es algo eufórico. Nos obsesionamos de manera emocional el uno con el otro. Nos dormimos pensando en la otra persona. Cuando nos levantamos, esa persona es el primer pensamiento que pasa por nuestras mentes. Anhelamos estar juntos.

La persona «enamorada» tiene la ilusión de que su ser amado es perfecto.

Se nos ha hecho creer que si estamos enamorados de verdad, el amor durará para toda la vida. Siempre tendremos los sentimientos maravillosos que experimentamos en este momento. Nada podría interponerse jamás entre nosotros. Nada logrará vencer jamás el amor que sentimos el uno por el otro.

No obstante, con el tiempo, todos bajamos de las nubes y volvemos a poner los pies en la tierra. Nuestros ojos se abren y vemos los defectos de la otra persona. Reconocemos que algunos de los rasgos de su personalidad son irritantes en verdad. Esta persona tiene la capacidad de herir y de airarse, tal vez hasta de decir palabras duras y de criticar. Los pequeños rasgos que pasamos por alto cuando nos enamoramos ahora se convierten en montañas gigantescas.

Bienvenido al mundo real del matrimonio, donde siempre hay cabellos en el lavabo y pequeñas manchas blancas cubren el espejo, donde las discusiones se centran en cómo se desprende el papel sanitario y si la tapa del inodoro debe estar arriba o abajo. En este mundo, una mirada puede herir y una palabra puede aplastar. Los cónyuges que se aman íntimamente pueden convertirse en enemigos y el matrimonio un campo de batalla.

¿Qué pasó con la experiencia de estar «enamorados»? Es lamentable, pero fue una ilusión con la que nos engañaron a fin de poner nuestros nombres en la línea de puntos, para bien o para mal. ¿Teníamos razón en realidad? Creo que sí. El problema fue una información indebida.

La euforia del estado del «enamoramiento» nos da la ilusión de que tenemos una relación íntima. Sentimos que nos pertenecemos el uno al otro. Creemos que podemos conquistar todos los problemas.

¿Esto significa que, cuando nos engañaron con la ilusión de estar enamorados, ahora solo nos quedan dos opciones: (1) estamos destinados a una vida de desdicha junto a nuestro cónyuge, o (2) debemos desertar y probar de nuevo?

Existe una alternativa mejor: Podemos reconocer la experiencia del enamoramiento como lo que es, una alta emoción temporal, y ahora buscar el «verdadero amor» con nuestro cónyuge.

Para tener una buena salud emocional, se debe satisfacer la necesidad emocional de amor. Los adultos casados anhelan sentir afecto y amor de parte de sus cónyuges. Cuando el tanque emocional de tu cónyuge está lleno y siente la seguridad de tu amor, el mundo entero parece brillante y tu cónyuge se lanzará a alcanzar su más alto potencial en la vida.

CAPÍTULO DOS

PRIMER LENGUAJE DEL AMOR

PALABRAS

de

Afirmación

Una manera de expresar amor de manera emocional es usar palabras que edifiquen. Salomón, autor de algunas obras literarias de la antigua sabiduría hebrea, escribió: «En la lengua hay poder de vida y muerte»[1]. Muchas parejas nunca han aprendido el tremendo poder de apoyarse mediante las palabras. Salomón también señaló: «La angustia abate el corazón del hombre, pero una palabra amable lo alegra»[2].

Los elogios verbales, o las palabras de reconocimiento, son comunicadores poderosos del amor. Se expresan mejor con declaraciones sencillas y directas como estas:

«Luces muy bien con ese traje».

«¡Qué bien te queda ese vestido!»

«Tú eres la mejor cocinera del mundo. Me encanta esta comida».

«Agradezco de verdad que lavaras los platos esta noche».

Palabras de aliento

Ofrecer cumplidos verbales es solo una manera de expresarle a tu cónyuge palabras de afirmación. Las palabras de aliento son otro dialecto. La palabra aliento significa «inspirar valor». Todos tenemos aspectos en los que nos sentimos inseguros. Nos falta valor, y esa falta de valor a menudo nos impide lograr las cosas positivas que nos gustaría hacer. El potencial que late en tu cónyuge en esos aspectos de inseguridad tal vez esté a la espera de tus palabras de aliento.

Casi todos nosotros tenemos más potencial del que desarrollaremos jamás. Muchas veces, lo que nos detiene es la falta de valor. Un cónyuge amoroso puede proporcionar ese catalizador tan importante. Por supuesto, a ti quizá te resulte difícil pronunciar palabras de aliento. Tal vez este no sea tu lenguaje principal de amor. A lo mejor te cuesta un gran esfuerzo aprender este segundo lenguaje. Será así, en especial, si tienes la costumbre de usar palabras que critican y condenan, pero te aseguro que valdrá la pena el esfuerzo.

Palabras amables

El amor es amable. Si queremos comunicar amor de forma verbal, tenemos que usar palabras amables. Eso tiene que ver con la manera en que hablamos. La misma oración puede tener dos significados diferentes en dependencia de cómo la digas. La frase «Te amo», cuando se dice con bondad y ternura, puede ser una expresión genuina de amor. Sin embargo, qué me dices de la frase «¿Te amo?». El signo de interrogación cambia todo el significado de esas dos palabras. A veces nuestras palabras dicen una cosa, pero nuestra voz dice otra. Estamos dando un doble mensaje. Por lo general, nuestro cónyuge interpretará el mensaje por nuestro tono de la voz y no por las palabras que usemos.

La manera en que hablamos es de suma importancia. Un sabio de la antigüedad dijo una vez: «La respuesta amable calma el enojo». Cuando tu cónyuge está enojado, molesto y arremete con palabras acaloradas, si decides ser amoroso, no contestarás de la misma manera, sino con una voz suave. Si tu motivación es diferente a lo que tu pareja está interpretando, podrás explicarte con amabilidad. Procurarás comprensión y reconciliación y no tratarás de demostrar que tu punto de vista es la única manera de interpretar lo sucedido. Eso es un amor maduro, un amor al que debemos aspirar si queremos un matrimonio próspero.

El amor no lleva la cuenta de las ofensas. El amor no saca a la luz errores pasados. Ninguno de nosotros es perfecto. En el matrimonio no siempre hacemos lo mejor ni lo adecuado. A veces, hacemos o decimos cosas que hieren a nuestro cónyuge. No podemos borrar el pasado, solo podemos confesarlo y aceptar que estuvo mal. Podemos pedir perdón y tratar de actuar diferente en el futuro. Si procuro hacer justicia y trato de vengarme de mi cónyuge o de hacerle que pague por su error, me convierto en juez y mi pareja en criminal. La intimidad se vuelve imposible. No obstante, si decido perdonar, la intimidad puede restablecerse. El perdón es la senda del amor.

Palabras humildes

El amor hace peticiones, no exige. Cuando le exijo cosas a mi cónyuge, me convierto en un padre y mi pareja en hijo. Así y todo, en el matrimonio somos iguales, compañeros adultos. Está claro que no somos perfectos, pero somos adultos y somos compañeros.

Si vamos a desarrollar una relación íntima, necesitamos conocer los deseos del otro. Si queremos amarnos el uno al otro, necesitamos saber lo que quiere la otra persona.

Sin embargo, la manera de expresar esos deseos es muy importante. Si se ven como exigencias, hemos borrado la posibilidad de intimidad y alejaremos a nuestro cónyuge. En cambio, si damos a conocer nuestras necesidades y deseos como peticiones, estamos dando orientaciones, no un ultimátum.

Varios dialectos

Las palabras de afirmación son uno de los cinco lenguajes básicos del amor. Dentro de ese lenguaje hay muchos dialectos. Ya hablamos de algunos y hay muchos más. Se han escrito libros completos y numerosos artículos sobre estos dialectos. Todos tienen en común el uso de palabras que apoyan a nuestro cónyuge. Cuando escuches una conferencia acerca del amor o a un amigo diciendo algo positivo acerca de otra persona, anótalo. Con el tiempo, tendrás una buena lista de palabras para comunicarle amor a tu cónyuge.

También puedes probar el uso de palabras indirectas de afirmación, o sea, decir cosas positivas sobre tu cónyuge cuando no esté presente. Al final, alguien se lo dirá a tu cónyuge y tú te llevarás todo el crédito por el amor. Dile a la madre de tu esposa lo maravillosa que es tu esposa. Cuando su madre le cuente lo que dijiste, los comentarios que hiciste se ampliarán y recibirán más crédito todavía. También habla bien de tu cónyuge delante de otros cuando esté presente. Cuando recibas reconocimiento público por algún logro, asegúrate de compartir el mérito con tu cónyuge. Además, puedes escribir palabras de afirmación. Las palabras escritas tienen el beneficio de que pueden leerse una y otra vez.

Si el lenguaje del amor de tu cónyuge son palabras de afirmación:

- Recuerda: ¡Las palabras son importantes!

- Escribe una carta de amor.

- Fíjate la meta de halagar a tu cónyuge cada día durante un mes.

CAPÍTULO TRES

SEGUNDO LENGUAJE DEL AMOR

TIEMPO

de

Calidad

Cuando me siento en el sofá con mi esposa y le doy veinte minutos de mi atención completa, y ella hace lo mismo conmigo, nos damos veinte minutos de vida el uno al otro. Nunca más tendremos esos veinte minutos otra vez; nos damos nuestras vidas el uno al otro. Es un poderoso comunicador de amor.

Unión

La unión es un aspecto clave del tiempo de calidad. No me refiero a la proximidad. Dos personas sentadas en la misma habitación están muy cerca la una de la otra, pero no necesaria-mente están unidas. La unión tiene que ver con una atención completa. Cuando un padre está sentando en el suelo tirándole una pelota a su hijo de dos años, su atención no está centrada en la pelota, sino en su hijo. Sin embargo, en ese breve instante, no importa cuán largo sea, están juntos. En cambio, si el padre está hablando por teléfono mientras tira la pelota, su atención está reducida.

De la misma forma sucede con un esposo y una esposa que juegan juntos al tenis; si es un verdadero tiempo de calidad, no estarán concentrados en el juego, sino en el hecho de que están pasando juntos ese tiempo. Lo que importa es lo que sucede a escala emocional.

Conversación de calidad

Como las palabras de afirmación, el lenguaje del tiempo de calidad también tiene muchos dialectos. Uno de los más comunes es la conversación de calidad. Cuando hablo de conversación de calidad, me refiero a un diálogo comprensivo en el que dos personas cuentan experiencias, ideas, sentimientos y deseos en un contexto amistoso e ininterrumpido.

La conversación de calidad es muy diferente al primer lenguaje del amor. Las palabras de afirmación se centran en lo que decimos, mientras que la conversación de calidad se enfoca en lo que escuchamos. Si estoy hablando de mi amor por alguien mediante un tiempo de calidad, y vamos a pasar dicho tiempo en una conversación, eso quiere decir que me concentraré en sacarle más palabras y en escuchar con comprensión lo que esa persona tiene que decir.

Una relación requiere que se escuche de manera comprensiva, con el propósito de entender los pensamientos, sentimientos y deseos de la otra persona. Aprender a escuchar puede ser tan difícil como aprender un idioma extranjero, pero tenemos que hacerlo si queremos comunicar amor. He aquí un resumen de consejos sobre cómo escuchar:

1. Mira a los ojos de tu cónyuge cuando esté hablando.

2. No hagas otra cosa a la misma vez que escuchas a tu cónyuge.

3. Presta atención a los sentimientos.

4. Observa el lenguaje corporal.

5. Niégate a interrumpir.

Aprende a hablar

Una conversación de calidad requiere no solo que se escuche con atención, sino que también haya revelación por parte de la persona. Cuando una esposa dice: «Quisiera que mi esposo hablara; nunca sé lo que está pensando ni lo que siente», está implorando intimidad. Para que se sienta amada, él debe aprender a revelarse a sí mismo. Si el lenguaje primario de amor de ella es el tiempo de calidad y su dialecto es una conversación de calidad, su tanque de amor emocional nunca estará lleno hasta que él le cuente sus pensamientos y sentimientos.

No todos estamos desligados de nuestras emociones, pero cuando se trata de hablar, a todos nos afecta nuestra personalidad. He observado dos tipos básicos de personalidad. Al primero lo denomino «Mar Muerto». En el pequeño país de Israel, el mar de Galilea fluye hacia el sur a través del río Jordán hasta el Mar Muerto. El Mar Muerto no va a ninguna parte. Recibe, pero no da. Este tipo de personalidad recibe muchas experiencias, emociones y pensamientos durante el día. Tiene un amplio depósito donde almacena esa información y es muy feliz al no hablar.

En el otro extremo está «Arroyo Murmurante». En este tipo de personalidad, todo lo que entra por los ojos o por los oídos sale por la boca y rara vez hay sesenta segundos entre una cosa y otra. Cuentan todo lo que ven y todo lo que escuchan. Muchas veces un Mar Muerto se casa con un Arroyo Murmurante. Eso sucede porque durante su noviazgo son una pareja muy atractiva.

No obstante, cinco años después de casados, Arroyo Murmurante se levanta una mañana y dice: «Llevamos cinco años de casados y no lo conozco». Mar Muerto dice: «La conozco demasiado bien. Me encantaría que dejara de hablar y me diera un descanso». Lo bueno es que Mar Muerto puede aprender a hablar y

Arroyo Murmurante puede aprender a escuchar. Nuestra personalidad influye en nosotros, pero no nos controla.

Una manera de aprender nuevos patrones es establecer un tiempo cotidiano en el que cada uno de ustedes hable sobre tres cosas que les sucedieron ese día y cómo se sienten al respecto. Yo lo denomino la «Dosis Mínima Diaria» para un matrimonio saludable. Si comienzas con la dosis mínima diaria, al cabo de unas pocas semanas o meses verás que entre ambos fluye con más libertad una conversación de calidad.

Actividades de calidad

Las actividades de calidad pueden incluir cualquier cosa en la que uno de ustedes o ambos tengan interés. El énfasis no está en lo que hacen, sino en por qué lo hacen. El propósito es experimentar algo juntos es que, al terminar, sientan: «Se preocupa por mí. Estuvo dispuesto a hacer algo conmigo que yo disfruto y lo hizo con una actitud positiva». Eso es amor, y para algunas personas es amor dicho con voz fuerte.

Uno de los subproductos de las actividades de calidad es que proveen un banco de recuerdos del que se puede extraer en los años futuros. La pareja es afortunada cuando recuerda una caminata matutina por la orilla de la playa, la primavera en que plantaron flores en el jardín y la vez en que tuvieron dermatitis porque persiguieron un conejo por el bosque. Esos son recuerdos de amor, sobre todo para la persona cuyo lenguaje primordial del amor es el tiempo de calidad.

SI EL LENGUAJE DEL AMOR DE TU CÓNYUGE ES TIEMPO DE CALIDAD:

- Den un paseo por el antiguo barrio donde creció uno de ustedes. Haz preguntas sobre la infancia de tu cónyuge.

- Concerta una cita para almorzar con tu cónyuge.

- Pídele a tu cónyuge que haga una lista de cinco actividades que le gustaría hacer contigo.

- Piensa en una actividad que disfruta tu cónyuge, pero que a ti te brinda poco placer.

CAPÍTULO CUATRO

TERCER LENGUAJE DEL AMOR

Regalos

Un regalo es algo que puedes tomar en tu mano y decir: «Mira, él estaba pensando en mí» o «Ella se acordó de mí». Uno tiene que estar pensando en alguien para darle un regalo. El regalo en sí es un símbolo de ese pensamiento. No importa si costó dinero, lo que importa es que pensaste en la persona. Además, lo que cuenta no es solo ese pensamiento que se impuso en tu mente, sino que el pensamiento se expresó al buscar el regalo y darlo como una expresión de amor.

Los regalos vienen en todos los tamaños, formas y colores. Algunos son costosos y otros son gratuitos. Para la persona cuyo lenguaje primario del amor es recibir regalos, el costo del regalo importará poco, a menos que el obsequio esté en desacuerdo total con sus posibilidades. Si un millonario casi siempre solo da regalos de un dólar, su cónyuge puede cuestionarse si eso es una expresión de amor, pero cuando las finanzas familiares están limitadas, un regalo de un dólar puede representar millones en amor.

Los regalos y el dinero

Si quieres convertirte en un dador eficiente de regalos, tienes que cambiar tu actitud con respecto al dinero. Cada uno de nosotros tiene una percepción particular en cuanto al objetivo del dinero, y tenemos varias emociones asociadas con la manera de gastarlo. Algunos somos dados a gastarlo. Nos sentimos bien con nosotros mismos cuando gastamos dinero. Otros tienen una perspectiva de ahorrar e invertir. Nos sentimos bien con nosotros mismos cuando ahorramos dinero y lo invertimos con sabiduría.

Si eres un derrochador, no tendrás muchos problemas para comprarle regalos a tu cónyuge; pero si eres ahorrativo, experimentarás una resistencia emocional ante la idea de gastar dinero como una expresión de amor. Si descubres que el lenguaje principal de amor de tu cónyuge es recibir regalos, quizá comprenderás que comprarle regalos es la mejor inversión que puedes hacer. Inviertes en tu relación y llenas el tanque de amor emocional; y con un tanque lleno de amor, es muy probable que tu cónyuge esté dispuesto a corresponderte con amor emocional en el lenguaje que comprenderás.

El regalo de uno mismo

Existe un regalo intangible que a veces dice más que un regalo que uno pueda sostener en su mano. Le llamo el regalo de uno mismo o el regalo de la presencia. Estar presente cuando tu cónyuge te necesita le dice mucho a la persona cuyo lenguaje de amor primordial es recibir regalos. Jan me dijo una vez:

—Mi esposo, Don, ama más el sófbol que a mí.

—¿Por qué dices eso? —le pregunté.

—El día en que nació nuestro bebé, jugó al sófbol. Yo estuve toda la tarde en el hospital mientras él jugaba sófbol —me dijo.

—¿Y él estuvo presente cuando nació el bebé?
—pregunté.

—Claro que sí. Se quedó el tiempo suficiente hasta que nació el niño, pero diez minutos después se fue a jugar sófbol. Yo estaba desconsolada. Era un momento muy importante en nuestras vidas. Quería que lo compartiéramos juntos. Quería que estuviera allí conmigo. Don me dejó para irse a jugar.

Ese esposo pudiera haberle enviado una docena de rosas, pero no habrían significado tanto como su presencia en la sala del hospital a su lado. El «bebé» tiene ahora quince años y ella hablaba de ese suceso con gran emoción, como si hubiera pasado ayer. Yo indagué más:

—¿Has basado tu conclusión de que Don ama más al sófbol que a ti en esa sola experiencia?

—Ah, no —contestó—. El día del funeral de mi madre, también jugó sófbol.

—¿Fue al funeral?

—Sí, claro. Fue al funeral, pero en cuanto se terminó, se fue a jugar sófbol. Yo no podía creerlo. Mis hermanos y hermanas se fueron a casa conmigo, pero mi esposo estaba jugando sófbol.

Más tarde, le pregunté a Don acerca de estos dos sucesos. Sabía con exactitud de lo que le estaba hablando.

—Sabía que lo iba a sacar —me dijo—. Estuve todo el tiempo durante el parto y cuando nació el bebé. Tomé fotos. Yo estaba tan feliz que apenas podía esperar para mostrarles las fotos a mis amigos del equipo, pero el encanto se rompió cuando regresé al hospital esa noche. Ella estaba furiosa conmigo. No podía creer lo que me decía. Pensaba que estaría orgullosa de mí por contárselo al equipo.

—¿Y cuando murió su madre?

—Es probable que no le contara que pedí una semana en el trabajo antes de que muriera y me pasé toda la semana en el hospital y en la casa de su madre haciendo reparaciones y ayudando. Después que murió y se terminó el funeral, sentí que había hecho todo lo que podía. Necesitaba un respiro. Me gusta jugar sófbol y sabía que eso me ayudaría a relajarme y aliviar un poco el estrés en que había estado. Pensé que ella quería que me tomara el descanso. Había hecho lo que pensaba que era importante para ella, pero no fue suficiente. Nunca me ha dejado olvidar esos dos días. Dice que amo más al sófbol que a ella. Eso es absurdo.

Él era un esposo sincero que no comprendía el tremendo poder de la presencia. En la mente de ella era más importante su presencia que ninguna otra cosa. La presencia física en tiempos de crisis es el regalo más poderoso que puedes dar si el lenguaje primario de tu cónyuge es recibir regalos.

Si la presencia física de tu cónyuge es importante para ti, te insto a que se lo digas. No esperes que lea tu mente. Si por otro lado tu cónyuge te dice: «De veras quiero que estés

conmigo esta noche, mañana, esta tarde», toma
en serio esa petición.

Casi todo lo que se ha escrito sobre el tema
del amor indica que el espíritu de dar está en el
corazón del amor. Los cinco lenguajes del amor
nos desafían a darle a nuestro cónyuge, pero para
algunos lo que más significado tiene es recibir
regalos, símbolos visibles del amor.

SI EL LENGUAJE DEL AMOR DE TU CÓNYUGE SON LOS REGALOS:

• Prueba a hacer un desfile de regalos:
  En la mañana, deja una caja de caramelos
  para tu cónyuge (si la salud es un problema,
  usa caramelos de yogur); en la tarde, envíale

flores (a menos que tu cónyuge sea alérgica a las flores); en la noche, regálale una blusa.

- Confecciona un regalo para tu cónyuge.

- Durante una semana, entrégale un regalo a tu cónyuge cada día.

CAPÍTULO CINCO

CUARTO LENGUAJE DEL AMOR

ACTOS *de*

Servicio

Jesucristo dio una ilustración sencilla, pero profunda, de expresar amor mediante un acto de servicio cuando les lavó los pies a sus discípulos. En una cultura en la que las personas usaban sandalias y caminaban en calles sucias, era costumbre que el sirviente de la casa lavara los pies de los invitados a medida que llegaban. Jesús, quien había enseñado a sus discípulos que se amaran unos a otros, les dio un ejemplo de cómo expresar ese amor cuando tomó un recipiente y una toalla y les lavó los pies[1]. Después de esa sencilla expresión de amor, animó a sus discípulos para que siguieran su ejemplo.

Desde un principio, Jesús señaló que los importantes en su reino serían los siervos. En la mayoría de las sociedades, la gente importante se enseñorea sobre los insignificantes, pero Jesucristo dijo que para ser importante hay que servir a los demás. El apóstol Pablo resumió esa filosofía cuando dijo: «Sírvanse unos a otros con amor»[2].

¿Felpudo o verdadero amor?

«Le he servido durante veinte años. He sido su sirvienta. He sido su felpudo mientras él no me tenía en cuenta, me maltrataba y me humillaba delante de mis amigos y mi familia. No lo odio. No le deseo ningún mal, pero sí estoy resentida y no quiero seguir viviendo a su lado». Esa esposa ha hecho actos de servicio durante veinte años, pero no han sido expresiones de amor. Se hicieron por temor, culpa y resentimiento.

Un felpudo es un objeto inanimado. Puedes hacer con él lo que quieras. No tiene voluntad propia. Puede ser tu siervo, pero no tu verdadero amor. Cuando tratamos a nuestros cónyuges como objetos, obviamos la posibilidad del amor. La manipulación mediante la culpa no es un lenguaje de amor («Si fueras un buen cónyuge, harías esto por mí»). La coerción mediante el miedo es algo ajeno al amor («Hazlo o lo lamentarás»). Ninguna persona debiera ser jamás un felpudo. El amor dice: «Te amo demasiado como para dejar que me trates de esta manera. No es bueno para ti ni para mí».

La superación de los estereotipos

Aprender los lenguajes de amor de los actos de
servicio implicará que algunos reexaminemos
los estereotipos que tenemos en cuanto a los
papeles de esposos y esposas. Mark hacía lo que
la mayoría de nosotros hace con naturalidad.
Seguía el ejemplo de su padre y su madre, pero
ni siquiera con eso le iba bien. Su padre lavaba
el auto y cortaba la hierba. Mark no, aunque esa
era la imagen mental que tenía de lo que debía
hacer un esposo. Sin duda, no se imaginaba
pasando la aspiradora ni cambiándole los pañales
al bebé. Hay que reconocer que estuvo dispuesto
a romper con este estereotipo cuando se dio
cuenta de lo importante que era esto para Mary.
Eso es necesario para todos si el lenguaje de amor

principal de nuestro cónyuge nos pide algo que parece inadecuado para nuestro papel.

Debido a los cambios sociológicos de los últimos treinta años, ya no existe un estereotipo común en los papeles del hombre y la mujer en la sociedad estadounidense. Sin embargo, eso no significa que se hayan eliminado todos los este-reotipos. Más bien quiere decir que el número de estereotipos se ha multiplicado. No obstante, con el dominio de la televisión y el aumento de familias con un solo padre o madre, los modelos a menudo tienen la influencia de fuerzas ajenas al hogar. Independientemente de tus percepciones, las posibilidades son que tu cónyuge perciba los papeles matrimoniales un poco diferente a como lo haces tú. Se necesita una disposición a examinar y cambiar los estereotipos para expresar amor de un modo más eficiente.

Hace poco una esposa me dijo:

—Dr. Chapman, voy a mandar a todas mis amigas a su conferencia.

—¿Y por qué lo haría? —le pregunté.

—Porque usted ha transformado de manera radical nuestro matrimonio —me contestó—. Antes de la conferencia, Bob nunca me ayudaba en nada. Ambos empezamos nuestras carreras justo después de la universidad, pero siempre era responsabilidad mía hacerlo todo en la casa. Era como si nunca le hubiera pasado por la cabeza ayudarme en algo. Después de la conferencia, comenzó a preguntarme: "¿Qué puedo hacer esta noche para ayudarte?". Fue asombroso. Al principio, no podía creer que fuera verdad, pero ya se ha mantenido durante tres años.

»Tengo que reconocer que hubo momentos difíciles y hasta graciosos en esas primeras semanas, porque él no sabía hacer nada. La primera vez que lavó la ropa usó blanqueador sin diluir en lugar del detergente normal. Nuestras toallas azules salieron con lunares blancos, pero él me estaba amando en mi propio lenguaje y mi tanque se estaba llenando… Créame, ¡yo he aprendido el lenguaje de él y mantengo lleno su tanque!

¿Es así de sencillo?

¿Sencillo? Sí. ¿Fácil? No. Bob tuvo que trabajar para derribar el estereotipo con el que vivió durante treinta y cinco años. No fue fácil, pero él diría que aprender el lenguaje de amor principal de su cónyuge y decidir hablarlo es determinante en gran medida dentro del clima emocional de un matrimonio.

SI EL LENGUAJE DEL AMOR DE TU CÓNYUGE SON LOS ACTOS DE SERVICIO:

- Haz una lista de todas las peticiones que tu cónyuge te ha hecho durante las últimas semanas. Escoge una de ellas cada semana y cúmplela como una expresión de amor.

- Durante un mes, entrégale una nota a tu cónyuge cada tres días que vaya acompañada del acto de servicio.

- Pídeles a los niños que te ayuden con algún acto de servicio para tu cónyuge.

CAPÍTULO SEIS

QUINTO LENGUAJE DEL AMOR

Toque

FÍSICO

El toque físico es también un poderoso vehículo para la comunicación del amor matrimonial. Tomarse de las manos, besarse, abrazarse y tener relaciones sexuales son maneras de comunicar el amor al cónyuge. Para algunas personas, el toque físico es su lenguaje preferente de amor. Sin esta práctica no se sienten amadas. Al tenerlo, sus tanques emocionales se llenan y se sienten seguros en el amor de su cónyuge.

El toque físico puede fomentar o destruir una relación. Puede comunicar odio o amor. Para la persona cuyo lenguaje de amor primario es el toque físico, el mensaje de este modo será mucho más claro que las frases «Te odio» o «Te amo». Una bofetada es perjudicial para cualquier niño, pero es devastadora para un niño cuyo lenguaje principal de amor es el toque físico. Un tierno abrazo le comunica amor a cualquier niño, pero le grita amor al niño cuyo lenguaje primario del amor es el toque físico. Lo mismo sucede con los adultos.

En el matrimonio, el toque de amor puede asumir muchas formas. Puesto que los receptores al tacto están ubicados por todo el cuerpo, prácticamente tocar a tu cónyuge de manera cariñosa en cualquier lugar puede ser una expresión de amor. Eso no significa que todos los toques sean iguales. Algunos le producirán más placer a tu cónyuge que otros. Sin lugar a dudas, tu mejor maestro es tu cónyuge. Al fin y al cabo, es la persona a quien quieres amar. Tu cónyuge es quien mejor sabe lo que percibe como un toque amoroso. No insistas en tocarle a tu manera y en tu propio tiempo. Aprende a hablar su dialecto de amor. No cometas el error de creer que el toque que a ti te produce placer también le producirá placer a tu cónyuge.

Los toques de amor pueden ser explícitos y quizá exijan toda tu atención, como en el caso de un masaje en la espalda o durante el juego sexual que culmina en la relación sexual. Por otro lado, los toques de amor pueden ser implícitos y tal vez requieran solo un momento, como ponerle la mano en el hombro mientras le sirves una taza de café o rozas tu cuerpo con el suyo al pasar por la cocina. Es obvio que los toques explícitos toman más tiempo, no solo en el toque como tal, sino en desarrollar su comprensión de cómo comunicar amor a tu cónyuge de esta manera. Si un masaje de la espalda le dice mucho a tu cónyuge, el tiempo, el dinero y la energía que emplees aprendiendo a ser un buen masajista estarán bien invertidos. Si el contacto sexual es el dialecto principal de tu cónyuge, la lectura sobre el tema y hablar del arte de hacer el amor mejorará mucho tu expresión del amor.

Los toques implícitos requieren poco tiempo, pero mucha consideración, sobre todo si el toque físico no es tu lenguaje de amor principal y si no creciste en una familia dada al toque físico. Sentarse juntos en el sofá mientras ven su programa de televisión favorito no requiere tiempo adicional, pero pudiera comunicar tu amor de manera muy clara. Tocar a tu cónyuge mientras camina por la habitación donde está sentado solo requiere un instante. Tocarse el uno al otro cuando se van de la casa y luego cuando regresan solo implica un beso corto o un abrazo, pero le dirá mucho a tu cónyuge.

El cuerpo se hizo para tocarlo

Todo lo que soy está en mi cuerpo. Tocar mi cuerpo es tocarme a mí. Alejarse de mi cuerpo es distanciarse de mí en el sentido emocional. En nuestra sociedad, estrechar las manos es una manera de comunicarle a otra persona franqueza y acercamiento social. Cuando en raras ocasiones un hombre se niega a estrechar la mano de otro, esto transmite el mensaje de que las cosas no están bien en su relación.

La crisis y el contacto físico

En momentos de crisis, nos abrazamos unos a otros casi por instinto. ¿Por qué? Porque el contacto físico es un poderoso comunicador del amor. En un momento de crisis necesitamos, más que ninguna otra cosa, sentirnos amados. No siempre podemos cambiar las circunstancias, pero podemos sobrevivir si nos sentimos amados.

Todos los matrimonios pasarán por crisis. La muerte de los padres es inevitable. Los accidentes automovilísticos dejan incapacitados y matan a miles cada año. Las enfermedades no hacen distinción de personas. Las decepciones son parte de la vida. Lo más importante que puedes hacer por tu cónyuge en un momento de crisis es amarle. Si el lenguaje primario de tu cónyuge es el toque físico, no hay nada más importante que abrazarle mientras llora. Puede que tus palabras signifiquen poco, pero tu contacto físico le dirá que te interesas. Las crisis brindan una oportunidad única para expresar amor. Los toques tiernos se recordarán mucho después de que pase la crisis. Tu falta de contacto físico puede que nunca se olvide.

SI EL LENGUAJE DEL AMOR DE TU CÓNYUGE ES EL TOQUE FÍSICO:

- Toma de la mano a tu cónyuge mientras se dirigen del auto al centro comercial.

- Cuando tu cónyuge llegue a casa, espéralo más cerca de la puerta que de costumbre y dale un gran abrazo.

- Comienza las relaciones sexuales dándole a tu cónyuge un masaje en los pies.

Capítulo Siete

Descubran el *Amor* que Perdura

El descubrimiento del lenguaje principal de amor de tu cónyuge es fundamental si quieres mantener lleno su tanque de amor. No obstante, asegúrate primero de que conoces tu propio lenguaje de amor. Al escuchar de los cinco lenguajes emocionales del amor, algunas personas sabrán al instante cuál es su lenguaje principal de amor y el de su cónyuge:

Palabras de afirmación

Tiempo de calidad

Regalos

Actos de servicio

Toque físico

Para otros no será tan fácil.

¿Cuál es tu lenguaje primario de amor? ¿Qué te hace sentir más amado por tu cónyuge? ¿Cuál es tu mayor deseo?

He sugerido tres maneras de descubrir tu propio lenguaje principal de amor:

1. *¿Qué hace tu cónyuge, o deja de hacer, que te hiere de manera más profunda? Es probable que lo contrario a lo que más te hiere sea tu lenguaje de amor.*

2. *¿Qué le has pedido con más frecuencia a tu cónyuge? Quizá eso que le has pedido con más frecuencia sea lo que te hace sentir más amado.*

3. *¿De qué manera le expresas amor a tu cónyuge casi siempre? Tu costumbre de expresar amor pudiera ser un indicio de lo que también te haría sentirte amado.*

El amor es una decisión

¿Cómo podemos hablar el lenguaje de amor del otro cuando estamos llenos de heridas, enojo y resentimientos por los errores del pasado? La respuesta a esa pregunta está en la esencia de la naturaleza humana. Somos criaturas que deciden. Eso significa que tenemos la capacidad de tomar malas decisiones, algo que todos hemos hecho. Hemos dicho palabras duras y hemos hecho cosas que hieren. No nos sentimos orgullosos de esas decisiones, aunque en su momento parecieron justificadas. Las malas decisiones del pasado no significan que debemos repetirlas en el futuro. En cambio, podemos decir: «Lo siento. Sé que te hice daño, pero quisiera cambiar el futuro. Quisiera amarte en tu propio lenguaje. Quisiera satisfacer tus necesidades». He visto matrimonios al borde del divorcio que salen a flote cuando las parejas deciden amar.

El amor no borra el pasado, pero hace que el futuro sea diferente. Cuando decidimos mostrar expresiones activas del amor en el lenguaje de amor primario de nuestro cónyuge, creamos un clima emocional en el que podemos lidiar con nuestros conflictos y fracasos del pasado.

La satisfacción de la necesidad de amor de mi esposa es una decisión que yo tomo cada día. Si conozco su lenguaje principal de amor y decido hablarlo, su necesidad emocional más profunda estará satisfecha y ella se sentirá segura en mi amor. Si ella hace lo mismo conmigo, mis necesidades emocionales estarán satisfechas y ambos viviremos con un tanque emocional lleno. En un estado de satisfacción emocional, ambos daremos nuestras energías creativas a muchos proyectos sanos fuera del matrimonio, al tiempo que seguiremos manteniendo nuestra relación de pareja emocionante y en desarrollo.

Casi todos nosotros hacemos cosas cada día que no nos resultan fáciles. Para algunos eso se traduce en salir de la cama por la mañana.

Vamos en contra de nuestros sentimientos y nos levantamos. ¿Por qué? Porque creemos que hay algo que vale la pena hacer ese día. Y, por lo general, antes de que se acabe la jornada, nos sentimos bien por habernos levantado. Nuestras acciones precedieron a nuestras emociones.

Lo mismo sucede con el amor. Descubrimos el lenguaje primario de amor de nuestro cónyuge y decidimos hablarlo, ya sea que nos resulte fácil o no. No pretendemos tener sentimientos tiernos ni emocionantes. Solo escogemos hacerlo por el beneficio de esa persona. Queremos satisfacer la necesidad emocional de nuestro cónyuge y nos ocupamos de hablar su lenguaje de amor. Al hacerlo, su tanque emocional se llena y hay muchas probabilidades de que, en reciprocidad, hable nuestro lenguaje. Cuando eso sucede, nuestras emociones regresan y nuestro tanque de amor comienza a llenarse.

El amor es una decisión y cualquiera de los dos integrantes de la pareja puede comenzar el proceso hoy.

El amor es determinante

El amor no es nuestra única necesidad emocional. Los psicólogos han observado que entre nuestras necesidades básicas están las de seguridad, autoestima y significado. Sin embargo, el amor se relaciona con todas estas.

Si me siento amado por mi cónyuge, puedo relajarme sabiendo que mi amada no me hará daño. Me siento seguro en su presencia. Puede que tenga ciertas incertidumbres en mi vocación. Tal vez tenga enemigos en otras esferas de mi vida, pero con mi cónyuge me siento seguro.

Mi sentido de autoestima se alimenta con el hecho de que mi cónyuge me ama. Después de todo, si me ama, debe ser porque soy digno de amor. Es posible que mis padres me transmitieran mensajes negativos o confusos en cuanto a mi valor, pero mi cónyuge me conoce como una persona adulta y me ama. Su amor fomenta mi autoestima.

La necesidad de significado es la fuerza emocional que define gran parte de nuestra conducta. El deseo de triunfar es lo que da impulso a la vida. Queremos que nuestras vidas tengan alguna importancia. Tenemos nuestra propia idea de lo que representa ser importante, y nos esforzamos al máximo para alcanzar nuestras metas. Sentirse amado por un cónyuge mejora nuestro sentido de significado. Razonamos: Si alguien me ama, debo ser importante.

En el contexto del matrimonio, si no nos sentimos amados, nuestras diferencias se agrandan. Llegamos a vernos el uno al otro como una amenaza para nuestra felicidad. Luchamos por la autoestima y el significado, y el matrimonio se convierte en un campo de batalla y no en un refugio.

El amor no es la respuesta para todo, pero crea un clima de seguridad en el que podemos buscar respuestas a esas cosas que nos molestan.

En la seguridad del amor, una pareja puede tratar las diferencias sin condenación. Se pueden resolver los conflictos. Dos personas que son diferentes pueden aprender a vivir juntas en armonía. Descubrimos cómo sacar lo mejor de cada uno. Esas son las recompensas del amor.

¿Puede renacer el amor emocional en un matrimonio? Claro que sí. La clave es aprender el lenguaje principal de amor de tu cónyuge y decidir hablarlo.

NOTAS

Capítulo 2
1. Proverbios 18:21.
2. Proverbios 12:25.

Capítulo 5
1. Juan 13:3–17.
2. Gálatas 5:13.

LOS CINCO
LENGUAJES
DEL AMOR

ISBN 10: 1-881273-15-6

ISBN 13: 978-1-881273-15-8

www.fivelovelanguages.com

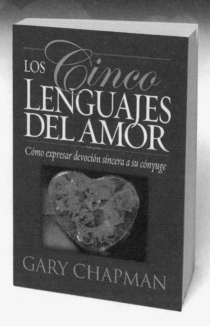

¡Todo esto comenzó con el fenómeno que realza la relación! En la edición completa de su libro éxito de librería, el Dr. Gary Chapman usa ejemplos verídicos de sus más de treinta años de consejería matrimonial a fin de ilustrar los cinco lenguajes diferentes que usa la gente para expresar el amor. *Los cinco lenguajes del amor* pueden darles nueva vida a tus relaciones.